BEI GRIN MACHT SICH IF WISSEN BEZAHLT

- Wir veröffentlichen Ihre Hausarbeit, Bachelor- und Masterarbeit

- Ihr eigenes eBook und Buch - weltweit in allen wichtigen Shops

- Verdienen Sie an jedem Verkauf

Jetzt bei www.GRIN.com hochladen und kostenlos publizieren

Bibliografische Information der Deutschen Nationalbibliothek:

Die Deutsche Bibliothek verzeichnet diese Publikation in der Deutschen National-
bibliografie; detaillierte bibliografische Daten sind im Internet über http://dnb.d-
nb.de/ abrufbar.

Impressum:

Copyright © 2017 GRIN Verlag
Druck und Bindung: Books on Demand GmbH, Norderstedt Germany
ISBN: 9783668901308

Dieses Buch bei GRIN:

https://www.grin.com/document/459037

Anonym

Integration von IoT in Deutschlands Gesundheitswesen

Integration eines Fitness Trackers auf Basis der Bluetooth Low Energy-Technologie

GRIN Verlag

GRIN - Your knowledge has value

Der GRIN Verlag publiziert seit 1998 wissenschaftliche Arbeiten von Studenten, Hochschullehrern und anderen Akademikern als eBook und gedrucktes Buch. Die Verlagswebsite www.grin.com ist die ideale Plattform zur Veröffentlichung von Hausarbeiten, Abschlussarbeiten, wissenschaftlichen Aufsätzen, Dissertationen und Fachbüchern.

Besuchen Sie uns im Internet:

http://www.grin.com/

http://www.facebook.com/grincom

http://www.twitter.com/grin_com

FOM Hochschule für Ökonomie und Management

Studienzentrum Bonn

Berufsbegleitender Studiengang der Wirtschaftsinformatik

3. Semester

Seminararbeit im Modul IT-Infrastruktur

Integration eines Fitness Trackers auf Basis der Bluetooth Low Energy-Technologie in die Infrastruktur des Deutschen Gesundheitssystems

Inhaltsverzeichnis

Abbildungsverzeichnis

Abkürzungsverzeichnis

BLE   Bluetooth Low Energy

gematik   Gesellschaft für Telematikanwendungen der Gesundheitskarte mbH

MAC   Media Access Control

SCIRM   Smart Contract-based Investigation Report Management

TI   Telematikinfrastruktur

1. Einleitung

Das Internet der Dinge erfährt in der heutigen Gesellschaft zunehmend an Verbreitung und Anwendung. Es ist gekennzeichnet durch verschiedene Geräte, welche an neuen Funktionalitäten gewinnen, die weit über ihre Grundaufgaben hinausreichen. Diese sind in der Lage "intelligente" Berechnungen durchzuführen und stehen zum Austausch durch eine übergreifende Vernetzung in Verbindung. Ein Aspekt in diesem Bereich sind Wearables[1], welche in direktem Kontakt zum Menschen stehen und beispielsweise in Form von Fitness Trackern die eigene Gesundheit sowie sportliche Aktivitäten überwachen und auswerten können. Sie gewinnen aktuell an Popularität, da sie zum einen in ihrer Anwendung sehr unkompliziert sind und zudem kontinuierlich Daten erfassen können, ohne den Nutzer in seiner Bewegungsfreiheit einzuschränken.[2] Durch mehrere Erfassungstechniken lassen sich unterschiedliche Werte zum eigenen Körper und der Bewegung sammeln, welche anhand angebundener Applikationen an Aussagekraft gewinnen. Diese gesundheitsbezogene Datenerfassung und -aufbereitung ist in dieser Hinsicht aber nicht nur für die Anwender von Nutzen. Die gewonnenen Informationen stellen auch einen hohen Mehrwert für das Gesundheitswesen dar, da sie beispielsweise Behandlungen effektiver gestalten könnten, indem über die elektronische Gesundheitskarte eines Patienten Zugriff auf ausführliche Aktivitätsberichte gewährt würde.[3] In weiterer Hinsicht stellt sich die Frage, zu welchem Grad aktuell schon eine infrastrukturelle Anbindung von Fitness Trackern an das Deutsche Gesundheitssystem unterstützt wird sowie in Zukunft umsetzbar wäre und auf welchen Ebenen diesbezüglich noch Barrieren bestehen. Wird es dem Deutschen Gesundheitswesen zukünftig möglich sein, von den gewonnenen Daten zu profitieren oder stellt das eigene System zu hohe Hürden an die Applikationen?

In den folgenden Kapiteln wird zunächst auf die grundlegenden Begrifflichkeiten der Infrastruktur des Deutschen Gesundheitswesens sowie der Fitness Tracker eingegangen und deren technologische Funktionsweise und Aufbau erläutert. In diesem Kontext werden vor allem der infrastrukturelle Aufbau des Gesundheitswesens beleuchtet und dessen Anforderungen an die Fitness Tracker betrachtet, um im weiteren Verlauf eine Bewertung zu erarbeiten, inwieweit diese schon jetzt in das Deutsche Gesundheitssystem etabliert

---

[1] Vgl. Sury, U. (2017), Seite 298.
[2] Vgl Kramer, U., Lucht, M. (2015), Seite 114.
[3] Vgl. Europäische Kommission (2014), Seite 3f.

werden können. Anschließend wird ein möglicher Lösungsansatz zu aktuell bestehenden Barrieren aufgezeigt. Schließlich wird die zentrale Fragestellung beantwortet und ein Ausblick gegeben.

2. Begrifflichkeiten

In diesem Kapitel werden in Bezugnahme auf das Deutsche Gesundheitssystem die Begrifflichkeiten der Telematikinfrastruktur erläutert und der Begriff des Fitness Trackers für das allgemeine Verständnis definiert sowie in seiner Funktionsweise betrachtet.

2.1. Definition Telematikinfrastruktur

Die Telematikinfrastruktur beschreibt die zu Grunde liegende technische Architektur des modernisierten Deutschen Gesundheitswesens. Eingeführt wurde sie von der Gesellschaft für Telematikanwendungen der Gesundheitskarte mbH (gematik), mit der Absicht das Gesundheitssystem nachhaltig in seiner Qualität und Funktionalität auszubauen. Außerdem gewährleistet sie eine sichere Kommunikation im Gesundheitswesen sowie die Interoperabilität verschiedener Systeme auf Basis festgelegter Standards.[4] Das wesentliche Element dieser Infrastruktur bildet die elektronische Gesundheitskarte[5]. Neben den Basisfunktionen zur Abdeckung der kollektiven Versorgungsprozesse unterscheidet sie sich von der abgelösten Gesundheitskarte in Hinsicht darauf, dass sie durch eine Anbindung weiterer Anwendungen in ihren Funktionalitäten erweitert werden kann. Um dies zu ermöglichen und zu unterstützen, definiert die Telematikinfrastruktur einheitliche Kommunikationsstrukturen, welche einen reibungslosen Datenaustausch zwischen allen Teilnehmern gewährleisten. In diesem Bezug legt sie zum einen Sicherheitskonzepte und Richtlinien fest, um den hohen Datenschutzauflagen gerecht zu werden. Des Weiteren unterstützt sie grundlegende Prinzipien, wie die Vermeidung von redundanten Daten und eine sichere, separate und dezentrale Datenhaltung sowie das Selbstbestimmungsrecht des Patienten, welcher im System die Verfügungsgewalt über seine Daten trägt.[6] Das System

---

[4] Vgl. Dünnebeil, S. et al. (2013), Seite 1.
[5] Vgl. gematik (2008a), Seite 16.
[6] Vgl. Frauenhofer (2005), Seite 1ff.

stützt sich auf eine Serviceorientierten Architektur (SOA), deren Funktionen auf der Implementierung von Webservices basieren. Diese bieten standardisierte Schnittstellen, die unter anderem dem Zusammenführen verteilter Systeme dienen sollen.[7]

2.2. Definition Fitness Tracker

Fitness Tracker unterstützen den aktuellen Trend der Einflussnahme auf die eigene körperliche Gesundheit in Bezug auf Selbstvermessung und –reflexion. Sie lassen sich den Mobilen Gesundheitsapplikationen unterordnen,[8] da sie es ermöglichen, durch einen oder mehrere eingebaute Sensoren kontinuierlich Daten zu körperlichen Aktivitäten oder dem allgemeinen Gesundheitszustand zu erfassen[9] und so dem Verwender die Möglichkeit geben einen kontrollierten Einfluss auf seine Gesundheit zu haben.[10] In diesem Zusammenhang stehen sie über Funk in Verbindung zu einem weiteren Gerät, welches für zusätzliche Funktionen mit dem Internet verbunden sein kann.[11] Die Erfassung geschieht im alltäglichen Gebrauch, ohne den Nutzer durch die Verwendung des Fitness Trackers zu beeinträchtigen. Angebundene Anwendungen werten die gesammelten Daten aus und bieten dem Anwender eine Oberfläche zur eigenen Überwachung der Gesundheitsdaten.[12] Durch Verwendung mehrerer Sensoren können des Weiteren unterschiedliche Aktivitäten, wie beispielsweise Sport oder Schlaf überwacht werden. Diese komplexe Betrachtung erweitert den Mehrwert der Applikation, da die Erhebungen bei der Interpretation in Zusammenhang gesetzt werden können und Aussagen über mehrere Ebenen ergeben.[13] Neben Daten zu physischen Aktivitäten wie Schrittzahlen, Schlafstunden oder der Herzfrequenz sammeln einige Applikationen auch manuell erfasste Informationen zur Ernährung oder der psychischen Stimmung. Ein zusätzlicher Aspekt spezieller Fitness Tracker ist die Verknüpfung zu sozialen Medien. Hier wird dem Anwender die Möglichkeit geboten, Teil einer Community zu werden, um beispielsweise persönliche Erfolge zu teilen und sich mit anderen auszutauschen oder gegenseitig zu motivieren.[14]

---

[7] Vgl. gematik (2008a), Seite 48.
[8] Vgl. Asimakopoulos, S. et al. (2017), Seite 1.
[9] Vgl. Patterson, H. (2013), Seite 6f.
[10] Vgl. Wu, Q. et al. (2016), Seite 1ff.
[11] Vgl. Pfannstiel, M. A. et al. (2017), Seite 278f.
[12] Vgl. Asimakopoulos, S. et al. (2017), Seite 9.
[13] Vgl. Patterson, H. (2013), Seite 6f.
[14] Vgl. Open Effect (2016), Seite 6.

3. Grundlegende Technologien

Basierend auf der Ausgangsfrage ist es von Belang den zu Grunde liegenden Aufbau der Telematikinfrastruktur zu betrachten sowie festzulegen, zu welchem Teil Applikationen wie Fitness Tracker zuzuordnen sind. Zudem wird auf die Technologie der Fitness Tracker eingegangen, um einen Überblick über die Funktionsweise zu erhalten und einen Ausgangspunkt zu schaffen, von welchem die Interoperabilität der beiden Systeme bewertet werden kann. Dies soll anschließend auch dem möglichen Aufzeigen von bestehenden Infrastrukturschwächen dienen, welche eine Verknüpfung beider Systeme erschweren könnte. In den folgenden Kapiteln wird daher auf die technologischen Funktionsweisen beider Systeme eingegangen und deren Aufbau erklärt.

3.1. Aufbau der Telematikinfrastruktur

Die Telematikinfrastruktur bildet die Basis zur Vernetzung und Anbindung informationstechnischer Systeme und mehrwertleistender Anwendungen an das Deutsche Gesundheitssystem.[15] Technisch ist dies durch miteinander verbundene Webservices realisiert, welche sich alle auf dieselbe Infrastruktur stützen und möglichst viele gemeinsame Komponenten in dieser nutzen.[16] Die verschiedenen Dienste lassen sich nach ihren jeweiligen Funktionen in drei Klassen einteilen, welche sich *Basisdienste*, *Fachdienste* und *Mehrwertdienste* nennen.[17] Die zentralen Basisdienste liefern Funktionalitäten zur Bereitstellung sicherer Übermittlungsverfahren, um ein einheitliches und übergreifendes Sicherheitsniveau zu etablieren sowie Dienste für das Kartenmanagement und andere grundlegende Funktionen. Fachdienste hingegen bieten Zugriff auf administrative Anwendungen des Primärsystems, welche für grundlegende Arbeiten im medizinischen Kontext benötigt werden. Durch die Einführung getrennter Fachdienste findet eine Kapselung des Zugriffs auf die Daten und Anwendungen des zu Grunde liegenden Systems statt.[18] Die Einbindung von Mehrwertdiensten erweitert diesen Satz an gesetzlich geforderten Funktionen um hilfreiche Dienste externer Organisationen, zur Ergänzung des Gesundheitssystems.[19] Aus technischer Sicht besteht die Telematikinfrastruktur grundsätzlich aus sechs

---

[15] Vgl. Bundesrat (2015), Seite 7.
[16] Vgl. gematik (2008a), Seite 57.
[17] Vgl. Dünnebeil, S. et al. (2013), Seite 4f.
[18] Vgl. gematik (2008a), Seite 29.
[19] Vgl. Neuhaus, J. et al. (2006), Seite 332.

Zonen, welche in der nachfolgenden Abbildung dargestellt werden.[20] Durch Einbindung der abgebildeten Komponenten wird ein Gesamtsystem erschaffen, welches die beschriebenen Dienste über sichere Kommunikationswege und -prozesse implementiert.[21]

Abbildung 1: Telematikinfrastruktur-Zonen und -Komponenten

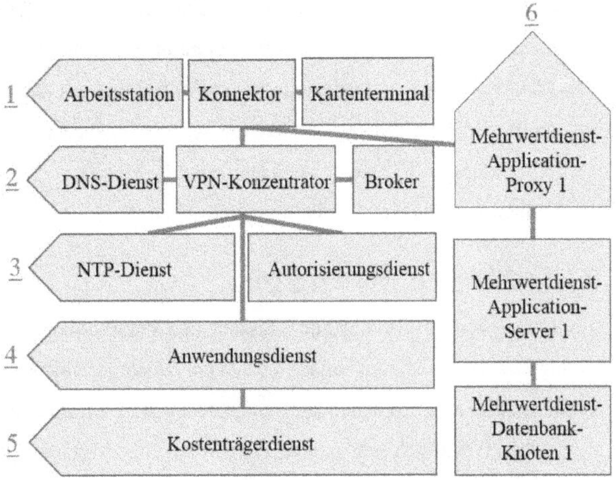

Quelle: In Anlehnung an gematik (2008b), Seite 100

Um einen sicheren Datenaustausch zu gewährleisten unterliegen alle Zonen und ihre jeweilig zugeordneten Komponenten unterschiedlichen Regelungen, welche die Kommunikation festlegen. Die erste Zone beinhaltet den Leistungserbringer. Die ihm zugeordnete Arbeitsstation, kann über den angebundenen Konnektor eine Verbindung zum Kartenterminal aufbauen. Dieses wiederum ist in der Lage Smartcards, wie die elektronische Gesundheitskarte zu Authentifizierungszwecken zu entsperren und zu lesen. Die zweite Zone beschreibt das Zugangsnetz und besteht aus den Komponenten des VPN-Konzentrators, des DNS-Dienstes und des Brokers. An dieser Stelle wird die Verbindung aus der ersten Zone angenommen sowie eine Anonymisierung des Leistungsbringers vorgenommen und jegliche Zugriffe protokolliert. Bei der dritten Zone handelt es sich um die *Innere Zone* der Architektur. Eingebunden ist ein Network Time Protocol-

---

[20] Vgl. Knipl, S., Sunyaev, A. (2011), Seite 81.
[21] Vgl. Neuhaus, J. et al. (2006), Seite 333.

Dienst zur Synchronisation der Systemzeiten sowie ein Autorisierungsdienst. Auf der vierten Zone findet man schließlich die Anwendungsdienste, welche beispielsweise medizinische Informationen zum Patienten zur Verfügung stellen. Diese stehen zur nachfolgenden fünften Zone lediglich in einer unidirektionalen Verbindung. Das liegt daran, dass der beinhaltete Dienst des Kostenträgers aus Sicherheits- und Datenschutzgründen nur dazu berechtigt ist, Daten zu erhalten, ohne sie explizit abfragen zu können. In der letzten sechsten Zone werden im Infrastrukturaufbau schließlich die schon aufgegriffenen Mehrwertdienste miteinbezogen. Diese Zone unterteilt sich in mehrere Subzonen, welche zum einen Mehrwert-Applikationsserver zum Zugriff auf medizinische Mehrwertanwendungen bereitstellen und zum anderen Mehrwert-Applikationsproxys zur Verbindungsannahme der ersten Zone beinhalten.[22]

3.2. Funktion eines Fitness Trackers

Ein Fitness Tracker benötigt zur Erfassung und Verarbeitung der Daten unterschiedliche Komponenten. Bei diesen handelt es sich um Sensoren, Mikrocontroller, Kommunikationseinheiten sowie Einheiten zur Energieversorgung. Sie sind direkt in dem Gerät verbaut[23] und lassen sich schematisch mit der nachfolgenden Abbildung darstellen.

Abbildung 2: Schematischer Aufbau eines Fitness Trackers

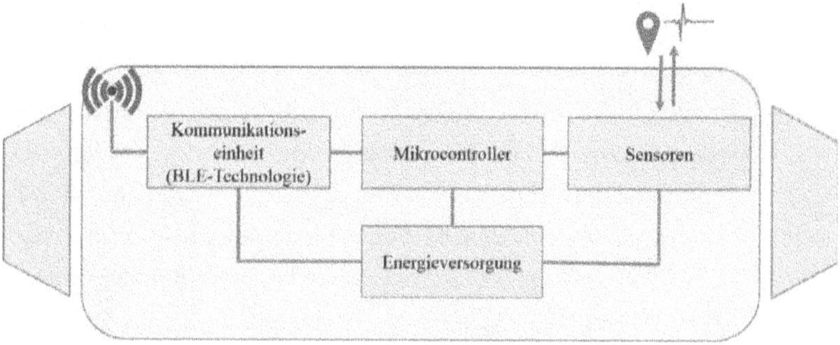

Quelle: In Anlehnung an Vasseur, J.-P., Dunkels, A. (2010), Seite 119 und Anke, J., Schwatke, A. (2015) Seite 491

---

[22] Vgl. Knipl, S., Sunyaev, A. (2011), Seite 82.
[23] Vasseur, J.-P., Dunkels, A. (2010), Seite 119.

Die Sensoren stehen in Verbindung zur physischen Umwelt und können nach ihrer Funktionsweise unterschiedliche körperbezogene Signale, wie Bewegungen oder Temperaturen erfassen. In Bezug auf Fitness Tracker sind auch Lokalisierungstechniken von Bedeutung. Bei diesen handelt es sich beispielsweise um das Global Positioning System (GPS). An der Darstellung wird sichtbar, dass sie in direkter Verbindung mit dem sogenannten Microcontroller stehen, welcher für die Datenverarbeitung in Wearables verantwortlich ist. Schließlich übernimmt die Kommunikationseinheit die Verknüpfung zur digitalen Welt, um die erfassten Daten an die angebundene Applikation weiterzuleiten. Dieser Vorgang basiert auf der Bildung eines lokalen Netzes mit einem Gerät, bei welchem es sich beispielsweise um das Smartphone des Nutzers handeln kann. Auf diesem Weg erhält ein Fitness Tracker Zugriff auf das Internet.[24] Bei der verwendeten Technologie wird sich im Folgenden auf handelsübliche Fitness Tracker bezogen, welche zum Großteil die verbreitete Bluetooth Low Energy (BLE) - Technik verwenden. Diese basiert auf einer drahtlosen Datenübertragung über kurze Distanzen. Verglichen zu der älteren Bluetooth-Technologie, weist sie zwar eine geringere Datenrate auf, jedoch machen sie Vorteile wie ein geringer Energieverbrauch, eine größere Weitreiche sowie die Unterstützung einer kompakten Größe und eines geringen Gewichtes vor allem für die Entwicklung mobiler Geräte interessant.[25] Daher gilt die BLE-Technologie aktuell auch als eine grundlegende Basis für die Internet-of-Things-Branche, in welche unter anderem Fitness Tracker einzuordnen sind.[26] Des Weiteren unterstützen viele der aktuell zu erwerbenden Mobilen Geräte, wie Smartphones, diese Technologie. Diese Zielgeräte können sich somit über BLE mit der eingebauten Kommunikationseinheit des Fitness Trackers verbinden, um die Daten zu empfangen. Auf dem Zielgerät wird anschließend die Datenauswertung eingeleitet und eine Bereitstellung von Rückmeldungen zu den gesammelten Werten präsentiert.[27]

4. Infrastrukturelle Verknüpfung

Die Einführung der elektronischen Gesundheitskarte auf Basis der Telematikinfrastruktur gestaltet Patientenbehandlungen schon jetzt effizienter. Zukünftig soll die geplante

---

[24] Vgl. Anke, J., Schwatke, A. (2015), Seite 491.
[25] Vgl. Zhang, T. et al. (2014), Seite 252ff.
[26] Vgl. Cha, S.-C. et al. (2017)
[27] Vgl. Zhang, T. et al. (2014), Seite 253.

Anbindung von Mehrwertdiensten schrittweise neue Möglichkeiten öffnen, weitere Applikationen, zur Informationsbereitstellung und -verarbeitung in das System einzugliedern. Aufgrund der besonderen Schutzbedürftigkeit von Gesundheitsdaten müssen die anzubindenden elektronischen Dienste hohen technischen und inhaltlichen Auflagen standhalten, um Teil der Telematikinfrastruktur werden zu können. Die inhaltlichen Anforderungen beziehen sich hauptsächlich auf den Zweck und die Zielgruppe der einzugliedernden Anwendung sowie darauf, in welchem Umfang personenbezogene Daten erhoben und verwendet werden. Technisch gesehen, steht vor allem der Einfluss auf die zu sichernde Verfügbarkeit der Telematikinfrastruktur im Vordergrund sowie Maßnahmen, um der Informationssicherheit gerecht zu werden.[28] Im Folgenden wird zunächst auf die verschiedenen Mehrwertdienste und ihre Art der Integration eingegangen. Außerdem werden die infrastrukturellen Anforderungen dargelegt, welche die gematik an die Anbieter stellt. Es findet eine Erläuterung sowie eine Betrachtung hinsichtlich des aktuellen Stands zur Erfüllung dieser Anforderungen in Bezugnahme auf Fitness Tracker statt. Schließlich wird ein möglicher Lösungsansatz hinsichtlich bestehender Barrieren aufgezeigt und in seiner Umsetzung näher betrachtet.

4.1. Integrationsansätze und Anforderungen der Telematikinfrastruktur

In der Richtlinie "Nutzungsvoraussetzungen der TI für weitere Anwendungen des Gesundheitswesens sowie für die Gesundheitsforschung" fasst die gematik aktuelle Voraussetzungen an Mehrwertdienste zusammen, um als Anwendungsdienst in die Telematikinfrastruktur etabliert werden zu können. Diese Applikationen werden in dem Anforderungskatalog unter dem Begriff "andere Anwendungen" zusammengefasst und definieren sich nach der gematik dadurch, dass ihre Entwicklung außerhalb der Gesellschaft stattfindet. Da nicht alle Dienste im selben Umfang auf die Telematikinfrastruktur zugreifen müssen, werden sie in drei abgestufte Anwendungskategorien unterteilt, die sich in ihrem technischen sowie organisatorischen Integrationsgrad voneinander unterscheiden. Daher muss zunächst vom Anbieter eingeschätzt werden, inwieweit seine Applikation Zugriff auf die Leistungen der Telematikinfrastruktur benötigt. Die Anwendungskategorien tragen folgende Bezeichnungen:

1) Andere Anwendungen des Gesundheitswesens (aAdG)

---

[28] Vgl. gematik (2017), Seite 8.

2) Andere Anwendungen des Gesundheitswesens mit Zugriff auf Dienste der TI aus angeschlossenen Netzen des Gesundheitswesens (aAdG-NetG-TI)

3) Andere Anwendungen des Gesundheitswesens ohne Zugriff auf Dienste der TI in angeschlossenen Netzen des Gesundheitswesens (aAdG-NetG)[29]

Die folgende Abbildung soll die hauptsächlichen Unterscheidungen der Kategorien voneinander aufzeigen und verdeutlichen.

Abbildung 3: Anwendungen der Telematikinfrastruktur

aAdG-NetG	• keine Nutzung zentraler Dienste • durch TI-Nutzer erreichbar
aAdG-NetG-TI	• Nutzungsmöglichkeit aller zentralen Dienste • Teilnehmer der TI • festgelegter IP-Adressbereich
aAdG	• Nutzungsmöglichkeit aller zentralen Dienste • Teilnehmer der TI
Zentrale Dienste	• gesetzliche Anwendungen • sichere Übermittlungsverfahren

Quelle: In Anlehnung an gematik (2017), Seite 10

Bei Betrachtung wird ersichtlich, dass sich der Integrationsgrad absteigend verhält. Damit
ist gemeint, dass die Dienste der Kategorie „Andere Anwendungen des Gesundheitswesens (aAdG)" die höchste Integration in die Telematikinfrastruktur aufweisen und ähnlich
der Fachdienste direkt an die Plattform angebunden sind, um Zugriff auf alle Leistungen
zu haben. Die Dienste der Kategorie „Andere Anwendungen des Gesundheitswesens mit
Zugriff auf Dienste der TI aus angeschlossenen Netzen des Gesundheitswesens (aAdG-
NetG-TI)" haben ebenfalls Zugriff auf zentrale Dienste, jedoch beschränkt sich dieser auf
einen Bereich festgelegter IP-Adressen. Außerdem können in dieser Kategorie mehrere
Applikationen in einem Netz angebunden werden. Die dritte Kategorie „Andere Anwen-

---

[29] Vgl. gematik (2017), Seite 5f.

14

dungen des Gesundheitswesens ohne Zugriff auf Dienste der TI in angeschlossenen Netzen des Gesundheitswesens (aAdG-NetG)" umfasst alle Dienste, welche von Nutzern über die Telematikinfrastruktur erreicht werden sollen, jedoch keinen Zugriff auf die zentralen Anwendungen erhalten.[30] In diese Kategorie sind folglich auch die in dieser Arbeit behandelten Fitness Tracker einzuordnen, da sie im betrachteten Kontext lediglich der Informationsbereitstellung dienen sollen, was keine Nutzung von Fachdiensten voraussetzt.

Die Voraussetzungen der Telematikinfrastruktur an diese Kategorie werden in der Richtlinie genauer beschrieben. Hinsichtlich einer infrastrukturellen Integration sind vor allem der Bestätigungsumfang, die Informationssicherheit, der Datenschutz sowie das Einführungsverfahren zu betrachten. Der Bestätigungsumfang bezieht sich auf den vom Anbieter anzugebenen IP-Adressbereich seines Netzes, welches den weiteren Voraussetzungen der gematik entsprechen muss und über welches hinaus, keine Verbindung zu Diensten der Telematikinfrastruktur aufgebaut werden darf. Die Informationssicherheit setzt verschiedene Sicherheitsgutachten und -veranstaltungen voraus sowie das Melden auftretender Störungen. Hinsichtlich des Datenschutzes muss der Anbieter des Fitness Trackers das Pflegen eines Datenschutzmanagements nachweisen. Dieses beinhaltet unter anderem eine Dokumentation und ein Nachweis aller notwendigen Organisationen und Techniken für das vorherrschende Sicherheitskonzept, sowie eines geeigneten Prozesses, der den Schutz der Daten und die allgemeine Informationssicherheit zu jeder Zeit gewährleistet.[31] Die Verantwortung für den Schutz der Daten liegt diesbezüglich vollständig bei dem Anbieter des Dienstes.[32] Das Einführungsverfahren behandelt den Aspekt der Mithilfe bei dem späteren Integrationsablauf hinsichtlich Testdurchläufe und technischer Integration.[33]

4.2. Eingliederungsmöglichkeiten und -barrieren

Betrachtet man die erläuterten Anforderungen der gematik an Mehrwertdienste wie Fitness Tracker sind mehrere Ebenen zu berücksichtigen. Zum einen hat der Anwender ei-

---

[30] Vgl. gematik (2017), Seite 5ff.
[31] Vgl. gematik (2008a), Seite 21f.
[32] Vgl. gematik (2008b), Seite 120.
[33] Vgl. gematik (2008a), Seite 22f.

15

ner hohen Nachweispflicht nachzugehen, bezogen auf Schutzmaßnahmen und Störungen sowie die allgemeinen Funktionalitäten. Dies könnte eine grundsätzliche Hürde darstellen, da zudem der entgeltliche Aspekt wenig Anklang erfährt und einen weiteren Beantragungsprozess benötigt.[34] Allgemein gesehen stehen zudem der Datenschutz und die Datenintegrität sowie die Verfügbarkeit der allgemeinen Dienste im Vordergrund, welche nicht gefährdet werden darf. Durch die serviceorientierte Architektur der Telematikinfrastruktur ist es grundsätzlich möglich, Geräte zu implementieren, welche spezifische Schnittstellen aufweisen. Das liegt daran, dass die Geräteschnittstellen bei der Integration gekapselt werden und somit irrelevant für einen Zugriff auf den Dienst als Gesamtes sind.[35] Dies ermöglicht zunächst die Einbindung eines Fitness Trackers, erfordert des Weiteren aber auch eine lokale Anwendung, welche in Verbindung mit dem Smartphone des Anwenders steht und die Daten empfängt. Außerdem ist sie dafür zuständig, die Daten in das geforderte Zielformat zu wandeln, sodass sie über die angebundene Schnittstelle für andere zentrale Dienste in der Infrastruktur abrufbar sind.[36] Für die Verschlüsselung sowie Authentifizierungsvorgänge, durch welche Datensicherheit und –integration innerhalb des Systems gewährleistet werden soll, stellt die Telematikinfrastruktur zu nutzende Dienste zur Verfügung. In diesem Zusammenhang wird der Datenzugriff zunächst über eine Autorisierung durch die elektronische Gesundheitskarte des Patienten abgesichert sowie durch mehrere Sicherheitsalgorithmen.[37] Eine beispielhafte Architektur solch einer hybriden Mehrwertdienstanbindung zeigt die nachfolgende Abbildung.

[34] Vgl. gematik (2017), Seite 20.
[35] Vgl. Mauro, C. (2012), Seite 122.
[36] Vgl. Dünnebeil, S. et al. (2009), Seite 2.
[37] Vgl. Caumanns, J. (2006), Seite 331.

Abbildung 4: Beispielhafte Architektur einer hybriden Mehrwertanwendung

Elektronische Patientenakte	Zentraler Dienst
Konnektor / Kartenleser	Dezentrale Dienste
	Mehrwert-Dienst
Smartphone	Netzwerk-Zugriff
Fitness Tracker / BLE-Technologie	Daten-erfassung

Quelle: In Anlehnung an Dünnebeil, S. et al. (2009), Seite 2

Weiterführend ist in Hinblick auf das vorausgesetzte Datenschutzmanagement, die Verbindung zwischen der mobilen Einheit des Fitness Trackers und dem Zielgerät des Anwenders auf mögliche Sicherheitslücken zu untersuchen. Um die Sicherheit bewerten zu können, muss sich zunächst mit dem Vorgang befasst werden, mit welchem sich die beiden Geräte miteinander verbinden. Das Eingehen einer Verbindung wird auch "Paarung" genannt und basiert bei der BLE-Technologie auf dem Austausch der Bluetooth-Media-Access-Control-Adressen (MAC-Adresse) der Geräte, jedoch wird nicht die wahre MAC-Adresse preisgegeben. Stattdessen generiert das Gerät, welches sich für die Verbindung anbietet eine zufällige und sichtbare Adresse, zu welcher eine Verbindungsanfrage gesendet werden kann. Diese Technik soll die eindeutige MAC-Adresse verbergen und das Gerät somit vor einer Verfolgung durch Dritte schützen, welche bei Bekanntheit der Adresse das Gerät leicht überwachen können. Außerdem wird auf diese Weise die Kommunikation zwischen den beiden Geräten in der Weise gesichert, dass sogenannten verbindungsabhörenden Man-In-The-Middle-Attacken (MITM) entgegengewirkt werden kann.[38] Wenn die Verbindungsanfrage beidseitig akzeptiert ist und der

---

[38] Vgl. Cha, S.-C. et al. (2017), Seite 1.

Verbindungsvorgang abgeschlossen ist, kann eine Datenübertragung stattfinden. Eine Besonderheit in diesem Vorgehen ist, dass durch den verwendeten Mechanismus im Falle einer Änderung der konfigurierten Zufallsadresse, dass gepaarte Gerät weiterhin Daten empfangen kann, ohne eine neue Verbindung zu der gewechselten Adresse aufbauen zu müssen. Dies liegt an einem bei der Paarung mitgelieferten Informationssatz, durch welchen es in der Lage ist, das zweite Gerät weiterhin zu identifizieren trotz unbekannter MAC-Adresse.[39]

Auch wenn durch dieses Vorgehen ein Zugriff auf die MAC-Adresse erschwert wird, liegen dennoch Unsicherheiten in Bezug auf andere auf dem Zielgerät installierte Apps vor. Diese können sich die übergebenen Informationen zur Identifikation zu Nutze machen und ebenfalls unerlaubt auf den Fitness Tracker zugreifen, um beispielsweise Daten abzufangen.[40] Dieser Aspekt stellt eine mögliche Angriffsfläche dar, welche hinsichtlich des Datenschutzes gegen die Anforderungen der Telematikinfrastruktur verstößt.

4.3. Lösungskonzept

In Hinsicht auf das beschriebene Eingliederungspotenzial aktuell erwerbbarer Fitness Tracker bestehen noch aufgezeigte datenschutzrechtliche Barrieren. Die verbaute BLE-Technologie weist diesbezüglich eine Sicherheitslücke auf, da es unter Umständen möglich ist, anderen Anwendungen des Anwendergeräts auf die mobile Einheit des Fitness Trackers Zugriff zu gewähren. Dieser Gefahr kann durch ein sogenanntes Smart Contract-based Investigation Report Management (SCIRM) entgegengewirkt werden. Bei diesem handelt es sich um ein Vorgehen, welches auf dem Prüfen von Smart Contracts basiert.[41] Smart Contracts stellen digitale Protokolle dar, die zu Grunde liegende Verträge zwischen zwei Parteien überprüfen und sind diesbezüglich die Voraussetzung für das Eingehen einer Transaktion. Mithilfe eines Smart Contract-Algorithmus' und der Blockchain-Technologie wird in Echtzeit geprüft, ob die Voraussetzungen erfüllt sind. Danach wird in Abhängigkeit von dem Ergebnis ein fortführender Prozess

[39] Vgl. Gupta, N. K. (2016), Seite 156f.
[40] Vgl. Cha, S.-C. et al. (2017), Seite 2.
[41] Vgl. Cha, S.-C. et al. (2017), Seite 3f.

eingeleitet. Die Blockchain-Technologie gewährleistet bei diesem Vorgehen eine transparente Dokumentation aller Transaktionsschritte und schafft somit eine lückenlose und sichere Protokollierung. Darüber hinaus gibt es in der Blockchain-Architektur keine zentrale Organisation, welche manipulierenden Einfluss auf die Transaktionen haben könnte. Alle Transaktionsdaten liegen auf unterschiedlichen Servern vor und sind öffentlich einsehbar. Durch dieses dezentrale und transparente Vorgehen wird eine Manipulation verhindert und ermöglicht, dass auch verschiedene Systeme miteinander operieren können.[42] Das SCIRM stellt vor diesem Anwendungshintergrund eine Schnittstelle zur Verfügung, um die Smart Contracts des Fitness Trackers miteinzubeziehen. Des Weiteren generiert es Prüfberichte über die Applikation, welche eine Verbindung zu dem Fitness Tracker aufbauen darf. So kann durch andauernde Prüfung, ob die aktuelle Verbindungsanfrage den Smart Contracts entspricht, sichergestellt werden, dass keine unbefugte Applikation Zugriff gewährleistet bekommt. Sollte die Verbindungsanfrage nicht den Smart Contracts entsprechen, wird eine entsprechende Benachrichtigung an den Nutzer weitergeleitet. Neben dieser Sicherheitsmaßnahme werden durch die protokollierende Eigenschaft der Blockchain-Technologie zudem auch alle vergangenen Prüfungen festgehalten und Informationen zu möglichen Sicherheitsrisiken bereitgestellt. Die genaue Architektur und der modulare Aufbau dieses Systems werden von Cha et al. beschrieben, jedoch wird auch auf zukünftig weiterführende Forschung hingewiesen, welche für eine konkrete Umsetzung notwendig sind.[43]

5. Zusammenfassung

Rückblickend zeigt sich, dass Fitness Tracker durch ihre Technologie und ihre Anwendung unterschiedliche gesundheitsbezogene Informationen sammeln können, was eine Integration in das Deutsche Gesundheitswesen interessant macht.[44] Die Telematikinfrastruktur beruht auf einer serviceorientierten Architektur, deren Dienste in unterschiedliche Kategorien eingeteilt sind, welche sich durch ihre Funktion und ihren jeweiligen Integrationsgrad im System unterscheiden. Fitness Tracker sind in diesem Bezug zu Mehrwertdiensten zuzuordnen, deren allgemeine Integration durch Basisdienste der Infrastruktur unterstützt wird. Diesbezüglich werden jedoch auf mehreren Ebenen weitere

---

[42] Vgl. Hildebrandt, A., Landhäußer, W. (2017), Seite 453ff.
[43] Vgl. Cha, S.-C. et al. (2017), Seite 11.
[44] Vgl. Europäische Kommission (2014), Seite 3f.

Anforderungen an die Mehrwertdienstanbieter gestellt. Im Allgemeinen dürfen die einzugliedernden Dienste beispielsweise keinerlei negative Einflüsse auf das herrschende Datenschutz- und Informationssicherheitsniveau, die Nutzbarkeit sowie die Verfügbarkeit aller Telematikinfrastruktur-Anwendungen haben.[45] In diesem Zusammenhang ist vordergründig die verwendete Übertragungstechnologie zu betrachten, da diese mögliche Angriffsflächen für Datenmissbrauch aufzeigt.[46]

5.1. Fazit

Der zentralen Fragestellung, ob eine Einbindung von Mehrwertdiensten wie Fitness Trackern in das Deutsche Gesundheitssystem grundsätzlich vorgesehen ist und, ob diese basierend auf der BLE-Technologie dem heutigen Entwicklungsstand nach schon in diese einzugliedern sind, kann rückblickend gesehen nur zum Teil zugestimmt werden.

Auf der einen Seite stellt die Telematikinfrastruktur im Allgemeinen eine geeignete Basis zur Anbindung von Mehrwertdiensten wie Fitness Tracker dar. Zudem wird deutlich, dass eine zukünftige Erweiterung solcher Art vorgesehen ist.[47] Auf der anderen Seite sind sie jedoch aktuell noch nicht einzugliedern. Dies liegt vor allem an den hohen Sicherheitsvoraussetzungen, welche wenig Anreiz für Mehrwertdienstanbieter bieten und zudem von der verwendeten Übertragungstechnologie nicht vollständig erfüllt werden. Die daraus resultierende Gefährdung des Datenschutzes, verstößt gegen die Grundvoraussetzungen des deutschen Datenschutzgesetzes sowie der damit in Bezug stehenden Telematikinfrastruktur. Der aufgezeigte Lösungsvorschlag eines auf Smart Contracts und der Blockchain-Technologie basierenden Systems bietet eine mögliche Erweiterungsmaßnahme der Fitness Tracker-Funktionsweise, um dem geforderten Sicherheitskonzept zu genügen, sodass es zukünftig ermöglicht werden könnte, Fitness Tracker als Mehrwertdienste in die Infrastruktur zu integrieren. Auf diesem Gebiet bedarf es jedoch noch an weiteren Forschungsansätzen.

---

[45] Vgl. gematik (2017), Seite 5ff.
[46] Vgl. Cha, S.-C. et al. (2017), Seite 3f.
[47] Vgl. Neuhaus, J. et al. (2006), Seite 339.

5.2. Ausblick

Das durch Fitness Tracker erfasste Datenvolumen an inhaltlich verwertbaren personen-
bezogenen Gesundheitsdaten stellt schon jetzt einen Faktor da, welcher das Gesundheitswesen in dem gegenwärtigen Prozess, seine Qualität und Effizienz zu steigern, nachhaltig
unterstützen könnte.[48] Dieser Aspekt könnte unter anderem zukünftig auch für deutsche
Versicherungen von Interesse sein, da diese Daten zur Beeinflussung der zu zahlenden
Beiträge genutzt werden könnte, was somit auch einen direkten ökonomischen Bezug
darstellt.[49] Betrachtet man die aktuellen Umsatzzahlen und -prognosen in der Fitness-
branche, bezogen auf Apps und tragbare Applikationen, erkennt man des Weiteren einen
kontinuierlichen Zuwachs auf dieser Ebene. Die nachfolgend abgebildete Studie zeigt
außerdem, dass die Wearables, zu welchen Fitness Tracker zuzuordnen sind, den größten
Teil der Umsatzmarge einnehmen.[50]

Abbildung 5: Weltweiter Umsatz im Markt für Fitness

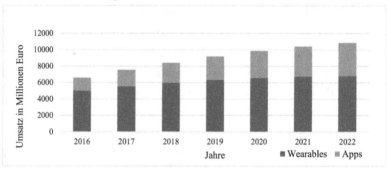

In Anlehnung an: statista (2017), Seite 2

Hieraus lässt sich eine positive Prognose für mobile Gesundheitsapplikationen wie Fitness Tracker ableiten. Die Verbreitung dieser Geräte und das miteinhergehende Daten-
aufkommen wird folglich auch in Zukunft stetig zunehmen und sollte dazu verleiten, die

---

[48] Vgl. Zhang, T. et al. (2014), Seite 251.
[49] Vgl. Reichert, R. (2017), Seite 102.
[50] Vgl. statista (2017), Seite 2.

Forschungen und Entwicklungen voranzutreiben, um eine Einbindung gemäß den Tele-matikinfrastruktur-Anforderungen zu ermöglichen. Diesbezüglich benötigt es jedoch noch an unterstützenden Maßnahmen von Seiten des Gesundheitswesens.

Neben den beleuchteten infrastrukturellen Anforderungen muss sich darüber hinaus auch mit inhaltlichen Aspekten, wie der Validität und der Integrität der erfassten Gesundheits-daten und -auswertungen befasst werden, um die grundlegenden Prinzipien des Deut-schen Gesundheitswesens nicht zu gefährden. Viele der üblichen Fitness Tracker befin-den sich noch in der Kritik, da sie ungenaue Erfassungen aufweisen, welche leicht vom Anwender zu beeinflussen und manipulieren sind.[51] Der Nutzer muss der Anwendung vertrauen können und darf hinsichtlich des Datenschutzgesetzes auch nicht die Informa-tionshoheit über seine Daten verlieren.[52]

---

[51] Vgl. AV-TEST GmbH (2015), Seite 18.
[52] Vgl. Leupold, A. et al. (2016), Seite 80f.

Literaturverzeichnis

Anke, Jürgen, Schwatke, Andreas (2015): Das Internet der Dinge als Grundlage für innovative e-Health-Dienste, in: *Eppinger, Elisabeth, Halecker, Bastian, Hölzle, Katharina, Kamprath, Martin* (Hrsg.), Dienstleistungspotenziale und Geschäftsmodelle in der Personalisierten Medizin, 2015, S. 485–513.

Asimakopoulos, Stavros, Asimakopoulos, Grigorios, Spillers, Frank (2017): Motivation and User Engagement in Fitness Tracking, in: Informatics, 4 (2017), Nr. 1, S. 5.

Caumanns, Jörg (2006): Der Patient bleibt Herr seiner Daten Realisierung des eGK-Berechtigungskonzepts über ein ticketbasiertes, virtuelles Dateisystem, in: Informatik-Spektrum, 29 (2006), Nr. 5, S. 323–331.

Cha, Shi-Cho, Yeh, Kuo-Hui, Chen, Jyun-Fu (2017): Toward a Robust Security Paradigm for Bluetooth Low Energy-Based Smart Objects in the Internet-of-Things, in: Sensors (Basel, Switzerland), 17 (2017), Nr. 10, S.

Dünnebeil, S., Sunyaev, A., Mauro, C., Leimeister, J. M., Krcmar, H. (2009): Konzeption patientenzentrierter Mehrwertdienste für die Deutsche Gesundheitstelematik, in: *Dünnebeil, Sebastian, Sunyaev, Ali, Mauro, Christian, Leimeister, Jan Marco, Krcmar, Helmut*, Deutsche Gesellschaft für Medizinische Informatik, Biometrie und Epidemiologie (Hrsg.), 54. Jahrestagung der Deutschen Gesellschaft für Medizinische Informatik, Biometrie und Epidemiologie (GMDS), 2009, S.

Dünnebeil, Sebastian, Sunyaev, Ali, Leimeister, Jan Marco, Krcmar, Helmut (2013): Modulare Softwarearchitektur für Mehrwertanwendungen der deutschen Gesundheitstelematik, in: WIRTSCHAFTSINFORMATIK, 55 (2013), Nr. 1, S. 3–18.

Dünnebeil, Sebastian, Sunyaev, Ali, Mauro, Christian, Leimeister, Jan Marco, Krcmar, Helmut, Deutsche Gesellschaft für Medizinische Informatik, Biometrie und Epidemiologie (Hrsg.)(2009): 54. Jahrestagung der Deutschen Gesellschaft für Medizinische Informatik, Biometrie und Epidemiologie (GMDS), 2009.

Eppinger, Elisabeth, Halecker, Bastian, Hölzle, Katharina, Kamprath, Martin (Hrsg.)(2015): Dienstleistungspotenziale und Geschäftsmodelle in der Personalisierten Medizin, Wiesbaden: Springer Fachmedien Wiesbaden, 2015.

Fischer, Florian, Krämer, Alexander (Hrsg.)(2016): eHealth in Deutschland, Berlin, Heidelberg: Springer Berlin Heidelberg, 2016.

Friedewald, Michael, Lamla, Jörn, Roßnagel, Alexander (Hrsg.)(2017): Informationelle Selbstbestimmung im digitalen Wandel, Wiesbaden: Springer Fachmedien Wiesbaden, 2017.

Gupta, Naresh Kumar (2016): Inside Bluetooth Low Energy, Second Edition, Norwood: Artech House, 2016.

Hildebrandt, Alexandra, Landhäußer, Werner (2017): CSR und Digitalisierung, Berlin, Heidelberg: Springer Berlin Heidelberg, 2017.

Knipl, Stefan, Sunyaev, Ali (2011): Elektronische Gesundheitskarte, in: HMD Praxis der Wirtschaftsinformatik, 48 (2011), Nr. 5, S. 80–88.

Leupold, Andreas, Glossner, Silke, Peintinger, Stefan (2016): eHealth, in: *Fischer, Florian, Krämer, Alexander* (Hrsg.), eHealth in Deutschland, 2016, S. 47–82.

Mauro, Christian (2012): Serviceorientierte Integration medizinischer Geräte, Wiesbaden: Springer, 2012.

Neuhaus, Jan, Deiters, Wolfgang, Wiedeler, Markus (2006): Mehrwertdienste im Umfeld der elektronischen Gesundheitskarte, in: Informatik-Spektrum, 29 (2006), Nr. 5, S. 332–340.

Patterson, Heather (2013): Contextual Expectations of Privacy in Self-Generated Health Information Flows, in: SSRN Electronic Journal, (2013), Nr. S.

Pfannstiel, Mario A., Da-Cruz, Patrick, Mehlich, Harald (2017): Digitale Transformation von Dienstleistungen im Gesundheitswesen I, Wiesbaden: Springer Fachmedien Wiesbaden, 2017.

Reichert, Ramón (2017): Die Vermessung des Selbst, in: *Friedewald, Michael, Lamla, Jörn, Roßnagel, Alexander* (Hrsg.), Informationelle Selbstbestimmung im digitalen Wandel, 2017, S. 91–107.

Sury, Ursula (2017): Internet of Things und Recht, in: Informatik-Spektrum, 40 (2017), Nr. 3, S. 298–304.

Vasseur, Jean-Philippe, Dunkels, Adam (2010): Interconnecting smart objects with IP, Amsterdam: Elsevier Morgan Kaufmann, 2010.

Wu, Qinge, Sum, Kelli, Nathan-Roberts, Dan (2016): How Fitness Trackers Facilitate Health Behavior Change, in: Proceedings of the Human Factors and Ergonomics Society Annual Meeting, 60 (2016), Nr. 1, S. 1068–1072.

Zhang, Ting, Lu, Jiang, Hu, Fei, Hao, Qi (2014): 2014 IEEE Healthcare Innovation Conference (HIC), Piscataway, NJ: IEEE, 2014.

Internetdokumente

AV-TEST GmbH (2015): Internet of Things - Security Evaluation of nine Fitness Trackers, https://www.av-test.org/fileadmin/pdf/avtest_2015-06_fitness_tracker_english.pdf, (Abruf am 26.12.2017).

Bundesrat (2015): Gesetz für sichere digitale Kommunikation und Anwendungen im Gesundheitswesen sowie zur Änderung weiterer Gesetze, http://www.bundesrat.de/bv.html?id=0589-15, (Abruf am 23.12.2017).

Europäische Kommission (2014): GRÜNBUCH über Mobile-Health-Dienste („mHealth"), https://ec.europa.eu/digital-single-market/news/green-paper-mobile-health-mhealth, (Abruf am 26.12.2017).

Frauenhofer (2005): Die Spezifikation der Lösungsarchitektur zur Umsetzung der Anwendungen der elektronischen Gesundheitskarte, http://www.dkgev.de/pdf/693.pdf, (Abruf am 23.12.2017).

gematik (2008a): Einführung der Gesundheitskarte - Gesamtarchitektur, https://fachportal.gematik.de/fileadmin/user_upload/fachportal/files/Spezifikationen/Basis-Rollout/Architektur_und_uebergreifende_Dokumente/gematik_GA_Gesamtarchitektur_V1_3_0.pdf, (Abruf am 23.12.2017).

gematik (2008b): Übergreifendes Sicherheitskonzept der Telematikinfrastruktur, http://gematik.eu/cms/media/dokumente/release_2_3_4/release_2_3_4_datenschutz/gematik_DS_Sicherheitskonzept_V240.zip, (Abruf am 23.12.2017).

gematik (2017): Einführung der Gesundheitskarte - Nutzungsvoraussetzungen der TI für weitere Anwendungen des Gesundheitswesens sowie für die Gesundheitsforschung, https://fachportal.gematik.de/fileadmin/user_upload/fachportal/files/Spezifikationen/Weitere-Anwendungen/gemRL_NvTIwA_V1.3.0.pdf, (Abruf am 23.12.2017).

Kramer, Ursula, Lucht, Martin (2015): GESUNDHEITS- UND VERSORGUNGS-APPS, https://www.tk.de/centaurus/servlet/contentblob/724464/Datei/75755/Studie-Gesundheits-und-Versorgungs-Apps.pdf, (Abruf am 26.12.2017).

Open Effect (2016): Every Step You Fake, https://openeffect.ca/reports/Every_Step_You_Fake.pdf, (Abruf am 23.12.2017).

statista (2017): Fitness, https://de.statista.com/outlook/313/100/fitness/weltweit, (Abruf am 23.12.2017).